INDOVINELLI DIFFICILI PER BAMBINI INTELLIGENTI

300 INDOVINELLI E ROMPICAPI CHE BAMBINI E GENITORI AMERANNO

FRANCESCO FOI

Pubblicato da Horizon Books Publishing

ALTRI LIBRI PER BAMBINI DELL'AUTORE

Indovinelli Di Matematica Per Bambini Intelligenti

Calcio Cercaparole Per Bambini
Serie A 2019-2020

Sudoku Per I Bambini Accorti

INDICE

Introduzione

"La mente che si espande con una nuova idea non torna più alle sue dimensioni originali."

Ralph Waldo Emerson

Questo libro è una raccolta di 300 enigmi e indovinelli che sfidano il cervello. Il loro scopo è quello di far riflettere e mettere in moto la mente dei bambini. Sono stati creati per testare la logica, il pensiero laterale e la memoria e per far sì che il cervello ragioni a schemi e connetta cose e circostanze diverse.

Sono suddivisi in tre capitoli che diventano più difficili man mano che si procede nel libro, stando a quanto detto dall'autore. Le risposte si trovano in fondo al libro se ci si trova in difficoltà.

Questi enigmi sono più complicati e sono stati pensati per essere risolti da bambini dai 10 anni in su, così come dal resto della famiglia.

INDOVINELLI

INDOVINELLI DIFFICILI

1. **Quando non sai cosa sono, allora sono qualcosa. Ma quando sai cosa sono allora non sono più niente. Cosa sono?**

2. **Puoi vedermi nell'acqua, ma non mi bagno mai. Cosa sono?**

3. **Più ne fai, più te ne lasci alle spalle. Cosa sono?**

4. **Quando vengo rilasciato al vento, guardi lontano e fai finta di niente, ma manderò lontano i tuoi amici. Cosa sono?**

5. **Immagina di essere in una stanza al buio. Come fai ad uscire?**

6. **Quando mi hai, vuoi condividermi. Ma, se mi condividi, non mi hai più. Cosa sono?**

7. **Un uomo sta spingendo la sua auto lungo la strada quando arriva in un hotel e grida "Sono in bancarotta!" Perché?**

8. **A quale domanda non puoi mai rispondere con un *sì*?**

9. Quale invenzione ti consente di guardare attraverso un muro?

10. Che cos'è più leggero di una piuma ma nemmeno l'uomo più forte del mondo riesce a tenerlo per più di un minuto?

11. Cosa accade una volta in ogni minuto, due volte in ogni momento e mai in centinaia di anni?

12. Non chiedo mai ma ottengono sempre risposte. Chi sono?

13. Se vai al cinema e stai pagando, è più economico portare un amico al cinema per due volte o due amici al cinema allo stesso tempo?

14. Cosa si fa più grande ogni volta che ne prendi un pezzo?

15. Cosa è piena di buchi ma riesce a trattenere molta acqua?

16. È nato prima l'uovo o la gallina?

17. Non importa quanta pioggia ci cade di sopra: non si bagna ancora di più. Che cos'è?

18. Sono piatto quando sono nuovo. Sono grosso quando mi usi. Rilascio gas quando qualcosa di appuntito mi tocca. Cosa sono?

19. Quale numero non è maggiore se moltiplicatore per tre rispetto a quando è moltiplicato per due?

20. Cosa butti quando vuoi usarla, ma riprendi quando non vuoi usarla?

21. Non posso vedere né sentire, ma percepisco la luce e i suoni. A volte vado a finire su un uncino o anche in mezzo a un libro. Cosa sono?

22. Perché i tombini sono rotondi invece che quadrati?

23. Cosa ha un sapore migliore del suo odore?

24. Di notte, vengono senza essere portate. Di giorno si perdono senza essere rubate. Cosa sono?

25. Più ce n'è, meno si vede. Che cos'è?

26. Di' il mio nome e sparisco. Cosa sono?

27. Sono una scatola che contiene chiavi senza serratura, ma che possono aprire la tua anima. Cosa sono?

28. Rimuovi sei lettere da questa sequenza per rivelare una famosa parola. BSAINXLEATNA

29. Cosa ha quattro ruote e vola?

30. Cosa ha foreste ma non alberi, città ma non persone e fiumi ma non acqua?

31. Scorre più morbida di una rima, ama cadere ma non può risalire. Cos'è?

32. Prendimi e sfregami la testa. Ciò che era rosso, ora è nero. Cosa sono?

33. Cosa è grande quanto te ma non pesa nulla?

34. In me il poi segue l'adesso e il mai è nel mezzo. Cosa sono?

35. Quanto sporco c'è in un buco profondo 1 metro, lungo 2 e largo 1 metro e 20 cm?

36. Di' tutti i numeri in inglese da 1 a 100. Quale di questi contiene la lettera 'A'?

37. Quale mano è sempre bagnata quando la tocchi?

38. (pensa in inglese) Quale tipo di formaggio è "fatto" al contrario?

39. Cosa puoi tenere nella tua mano destra ma mai nella tua mano sinistra?

40. In quale mese le persone dormono di meno?

41. Cosa non può essere mai messo dentro una pentola?

42. Sono sempre lì, a una certa distanza. A volte mi distendo tra il paesaggio o il mare e il cielo. Puoi avvicinarti a me, ma rimarrò lontano. Cosa sono?

43. Posso vivere solo dove c'è la luce, ma muoio se la luce si posa su di me. Cosa sono?

44. Cosa puoi prendere ma non lanciare?

45. Cosa ha il cuore ma nessun altro organo?

46. Due persone sono nate nello stesso momento ma non nello stesso giorno. Come è possibile?

47. Cosa è arancione e fa rima con banconota?

48. Chi è che va a dormire sempre con le scarpe addosso?

49. Come fai con un 7 ad avere sete?

50. Cosa sono?

51. Posso portare lacrime ai tuoi occhi, far rivivere i morti, farti sorridere e invertire il tempo. Mi formo in un istante ma duro una vita. Cosa sono?

52. Il Signor Smith ha due bambini. Se il più grande è un maschio, quali sono le possibilità che l'altro sia pure un bambino?

53. Un uomo costruisce una casa di forma rettangolare. Tutti i lati sono esposti a sud. Passa un grande orso. Di che colore è l'orso? Perché?

54. Una ragazza che stava imparando a guidare ha percorso una strada a senso unico nella direzione sbagliata, ma non ha infranto la legge. Come mai?

55. Se, in una gara automobilistica, l'uomo che è arrivato a due posizioni davanti all'ultimo uomo è arrivato a una posizione davanti al quinto, quanti concorrenti c'erano?

56. Un assassino è condannato a morte. Deve scegliere tra tre stanze. La prima è piena di incendi furiosi, la seconda è piena di assassini con pistole cariche e la terza è piena di leoni che non hanno mangiato da 3 anni. Quale stanza è più sicura per lui?

57. Cosa vola quando nasce, si appoggia mentre è in vita e scorre quando muore?

58. Sono l'unico organo che si chiama da solo. Cosa sono?

59. Quando le sue due parti si uniscono, divide. Cosa sono?

60. Entri in una stanza con un coniglio con in mano una carota, un maiale che mangia sbobba e uno scimpanzé con in mano una banana. Quale animale nella stanza è il più intelligente?

61. Cos'è che mormora sempre ma non parla mai, ha un letto ma non dorme mai, ha una bocca ma non parla mai?

62. Vengo estratta da una miniera e chiusa in una custodia di legno, da cui non vengo mai liberata, eppure vengo usata da tutti. Cosa sono?

63. Sono alta quando sono giovane e corta quando sono vecchia. Cosa sono?

64. Cosa riempirà una mano piena?

65. C'è nella rugiada e anche nella brina, ma non nella pioggia. Cos'è?

66. Cosa sale e non scende mai?

67. Non importa quanto si mettano male le cose per gli abitanti dell'Artico: non mangeranno mai i pinguini. Perché?

68. Quando è buona, tutti la scartano. Cos'è?

69. Un gruppo di dieci persone esce per una pizza, ma solo due di loro hanno un ombrello per ripararsi. Riescono comunque a camminare fino alla pizzeria senza bagnarsi. Com'è possibile?

70. Cosa corre lungo la casa ma non si muove?

71. **Cosa gira attorno alla casa senza toccarla mai?**

72. **Un uomo trova una piccola moneta di ferro con data 154 A.C., quanto vale?**

73. **In una casa a un piano le pareti sono blu, il pavimento è rosa, la stufa e gli armadi sono rossi. Di che colore sono le scale?**

74. **Perché la piccola fragola piangeva?**

75. **Posso essere fatta e posso essere detta. Cosa sono?**

76. **Non posso andare a sinistra, non posso andare a destra. Sono bloccato in un edificio di tre piani. Cosa sono?**

77. **Cosa va avanti e indietro costantemente ma mai seguendo una linea dritta?**

78. **Quali sono gli unici animali che sopravvissero pur restando fuori dall'arca di Noè?**

79. **Quale *abito* non puoi mai indossare?**

80. **Chi si spoglia quando fa freddo?**

81. Cosa appartiene a te ma lo usano di più gli altri?

82. Non ho occhi ma una volta vedevo. Una volta pensavo ma ora sono vuoto. Cosa sono?

83. Una donna legge in una stanza completamente al buio. Come ci riesce?

84. Cosa ha delle “piccole lance” che non possono essere tirate?

85. Più è nera, più è pulita. Cos’è?

86. È una stella ma non splende! Cos’è?

87. Quali tre numeri danno lo stesso risultato quando si sommano e quando si moltiplicano tra loro?

88. Cosa ha una bocca ma non può masticare?

89. Come ha fatto Mark a sposare legalmente tre donne in Michigan senza divorziare da nessuna di esse?

90. Ho tutta la conoscenza che possiedi. Ma non sono tanto più grande del tuo pugno. Cosa sono?

91. Tutti ne hanno bisogno. Vengono spesso dati ma raramente presi in considerazione. Cosa sono?

92. Toglimi la pelle. Io non piangerò ma tu lo farai. Cosa sono?

93. Più leggero di ciò di cui sono fatto, la maggior parte di me è nascosta. Cosa sono?

94. Mi hai già sentito prima, eppure mi senti di nuovo, poi muoio finché non mi chiami di nuovo. Cosa sono?

95. Se ti trovassi al Polo Sud dell'Antartide, rivolto a nord, in quale direzione viaggeresti se facessi un passo indietro?

96. Cosa ha un collo ma non la testa?

97. In un'auto che affronta una curva, qual è la ruota che gira di meno?

98. Beve sempre, anche quando non ha sete. Chi è?

99. Lo pianti ma non cresce. Cos'è?

100. Nell'orto c'è una mela con la Z. Cos'è?

101. Due bambine sono nate dalla stessa madre, lo stesso giorno, alla stessa ora, nello stesso mese e nello stesso anno ma non sono due gemelle. Com'è possibile?

102. Leggi questa frase in un altro modo per leggerla di nuovo "I topi non avevano nipoti".

103. Una donna era seduta nella sua stanza d'albergo quando bussarono alla porta. Aprì la porta e vide un uomo che non aveva mai visto prima. Egli disse "Oh, mi dispiace, ho sbagliato, pensavo che fosse la mia stanza". Quindi scese nel corridoio ed entrò nell'ascensore. La donna tornò nella sua stanza e telefonò alla sicurezza. Cosa rese la donna così sospettosa nei confronti dell'uomo?

104. Come puoi stare fisicamente dietro tuo padre mentre è in piedi dietro di te?

105. Jack è più giovane di Rodney ma più vecchio di Debbie. Larry è più vecchio di Sophie che è più vecchia di Jack. Rodney è più vecchio di Larry. Chi è il bambino di mezzo?

106. Quale parola di 4 lettere può essere scritta in avanti, indietro o capovolta e può ancora essere letta da sinistra a destra?

107. Pronunciata come quando ti fai male, scritta con tre vocali, due uguali e un'altra in mezzo. Sono una parola piccola ma contengo tanti animali dentro. Cosa sono?

108. Un uomo è alto 90 centimetri più la metà della sua altezza. Quanto è alto?

109. Resto a casa nei giorni belli ed esco solo nei giorni brutti. Cosa sono?

110. Se il suo autore c'è, lei non si vede, ma quando lui va via lei appare. Cos'è?

111. Chi è che corre con quattro zampe ma non esce mai da sotto il suo stesso tetto?

112. La senti parlare, perché ha una lingua dura. Ma non riesce a respirare, perché non ha i polmoni. Cos'è?

113. L'unico fratello del marito di tua madre è addormentato sul tuo divano. Chi dorme sul tuo divano?

114. Chi è che parla tutte le lingue del mondo?

115. Chi la produce, la vende. Chi la compra, non la usa mai. Chi la usa non sa che la sta usando. Che cos'è?

116. Una contenitore senza cerniera, lucchetto o chiave, ma dentro c'è un tesoro d'oro. Che cos'è?

117. Cosa ha un collo ma non la testa, due braccia ma non le mani?

118. Ho delle piume che mi aiutano a volare. Ho un corpo e una testa, ma non sono viva. È la tua forza che determina quanto vado lontano. Puoi tenermi in mano, ma non mi butti mai. Cosa sono?

119. Vivo senza fiato, freddo come la morte, rivestito di una maglia che non tintinna mai, non ho sete e non bevo mai. Cosa sono?

120. Siamo cinque piccole cose di uso quotidiano. Ci troverete tutte nel buio della casa. Cosa siamo?

121. Posso riempire completamente una stanza senza prendere spazio. Cosa sono?

122. Sempre invisibili ma mai fuori di vista. Cosa sono?

123. Il fratello di un mendicante è morto, ma l'uomo che è morto non ha mai avuto fratelli. Come può essere?

124. Resto in piedi quando sono seduto e salto quando cammino. Cosa sono?

125. Cosa non può camminare ma va sempre in giro?

126. Sulla strada per St. Ives ho visto un uomo con 7 mogli. Ogni moglie aveva 7 sacchi. Ogni sacco aveva 7 gatti. Ogni gatto aveva 7 gattini. Gattini, gatti, sacchi, mogli. Quanti sarebbero andati a St. Ives?

127. Una bambina calcia un pallone da calcio, che si allontana di 3 metri da lei e poi ritorna da lei. Com'è possibile?

128. Una scala di corda da 3 metri pende sul lato di una barca con il gradino inferiore sulla superficie dell'acqua. I gradini sono a 30 cm di distanza e la marea sale al ritmo di 15 cm all'ora. Quanto tempo ci vorrà prima che vengano coperti tre gradini?

129. A è il padre di B. Ma B non è il figlio di A. Com'è possibile?

130. Puoi buttare l’esterno, mangiare l’interno e buttare l’interno. Che cos’è?

131. Usami in estate e ti farò stare bene, usami in inverno e ti farò stare male. Cosa sono?

132. Dove puoi finire un libro senza finire una sentenza?

133. Non può essere visto, non può essere sentito, non può essere ascoltato, non può essere odorato. Si trova dietro le stelle e sotto le colline e riempie i buchi vuoti. Viene prima e segue, termina la vita. Cosa sono?

134. Questa cosa divora ogni cosa: uccelli, bestie, alberi, fiori; rosicchia il ferro, morde l'acciaio; macina pietre dure fino a ridurle in farina; uccide re, rovina città e abbatte alte montagne. Cos’è?

135. Le persone ci comprano per mangiare, ma non ci mangiano mai. Cosa siamo?

136. Cosa è fatto di legno ma non può essere mai segato?

137. Quale numero ottieni moltiplicando tutti i numeri sul tastierino numerico di un telefono?

138. Disponi quattro 9 e un 1 e un solo simbolo matematico per renderlo uguale a 100.

139. Quando cerchi qualcosa, perché è sempre nell'ultimo posto in cui guardi?

140. Mi usi dalla testa ai piedi, più lavoro più divento sottile. Cosa sono?

141. Sono un uomo gelido senza un'anima. Se c'è del calore in me, muoio lentamente. Cosa sono?

142. Ti fisso, mi fissi. Ho tre occhi ma non posso vedere. Ogni volta che mi illumino, ti do dei comandi. Fai come ti viene detto, con i piedi e le mani. Cosa sono?

143. Come fanno gli spari a scomparire?

144. Un autobus vuoto si ferma alla fermata e salgono 10 persone. Alla fermata successiva scendono 5 persone e salgono il doppio rispetto alla prima fermata. Alla terza fermata ne scendono 25. Quante persone rimangono sull'autobus?

145. Ho 1000 piedi in aria e la schiena per terra. Cosa sono?

146. Due grandi sacchi, in un momento sono quasi vuoti, in quello successivo sono pieni fino all'orlo, contengono una cosa più preziosa dei diamanti. Possono essere riempiti con dell'acqua ma non lo vorresti. Cosa sono?

147. C'è un lavavetri che sta pulendo una finestra al 25° piano di un grattacielo. All'improvviso, scivola e cade. Non ha attrezzature di sicurezza e niente per ammorbidire la sua caduta, ma non si è ferito. Com'è possibile?

148. Più avanzo, meno vedi. Cosa sono?

149. Sono uno strumento che puoi sentire, ma non puoi toccarmi o vedermi. Cosa sono?

150. Quale *tale* puoi mangiare?

151. Cosa richiede una risposta ma non fa domande?

152. Quale sport inizia con un T, ha 4 lettere ed è giocato in tutto il mondo?

153. Ci sono due aeroplani. Uno va da New York a Londra alla velocità di 900km/h. L'altro viaggia da Londra a New York alla velocità di 800 km/h. Quando gli aeroplani si incontrano, quale sarà più vicino a Londra?

154. Arrivano tanti amici a casa tua e tutti hanno sete. Il tuo primo amico chiede 1/2 bicchiere d'acqua. Il tuo secondo amico chiede 1/4 di bicchiere d'acqua. Il tuo terzo amico chiede 1/8 di bicchiere d'acqua, ecc. Di quanti bicchieri d'acqua hai bisogno per servire i tuoi amici?

155. Ci sono 50 corvi su un filo. Un cacciatore spara e ne uccide tre. Quanti corvi sono rimasti sul filo?

156. Quanto fa 40 diviso per 1/2, più 15?

157. Un uomo è seduto nella sua cabina in Michigan. 3 ore dopo esce dalla sua cabina in Texas. Com'è possibile?

158. Quando sono arrabbiata divento rossa, con il freddo divento blu e pallida quando ho paura. Cosa sono?

159. Ho due braccia, ma non ho dita. Ho due piedi, ma non posso correre. Cammino bene, ma vado meglio con i piedi alzati da terra. Cosa sono?

160. Cosa è più difficile da catturare quanto più veloce corri?

161. Un ragazzo in un luna park andò in una giostra gestita da un uomo che gli disse: "Se scrivo il tuo peso esatto su questo pezzo di carta, dovrai darmi $50, altrimenti ti pagherò io $50." Il ragazzo si guardò attorno e non vide alcuna bilancia, quindi accettò, pensando che, qualunque cosa avesse scritto l'uomo, lui gli avrebbe risposto che era sbagliata. Alla fine il ragazzo dovette pagare $50 all'uomo. Come fece l'uomo a vincere la scommessa?

162. Un uomo è intrappolato in una stanza. Nella stanza ci sono un tavolo, una sedia, 2 porte e un foro nel soffitto di 30 cm di diametro. Dietro una delle porte c'è un leone estremamente affamato che non mangia da un paio di giorni. Dietro l'altra porta c'è un tunnel di vetro che riflette il sole creando temperature così elevate che persino la maniglia della porta potrebbe ucciderti. Come riesce a scappare?

163. Corre da sempre e per sempre, ma non si muove affatto. Non ha polmoni o gola ma ha un potente richiamo. Che cos'è?

164. Quale parola non appartiene alla lista: Stop cop mop chop prop shop o crop?

165. Una principessa viene rapita da un orco e un cavaliere corre a salvarla. L'orco indica al cavaliere due porte e spiega: "Dietro ad una c'è la principessa, dietro l'altra una tigre affamata". Sulla porta sinistra c'è un cartello che dice "Dietro questa porta c'è la tigre". Sulla porta destra un altro cartello recita: "Dietro una porta c'è la principessa". L'orco aggiunge: "Solo uno dei cartelli dice la verità". Dietro quale porta c'è la principessa?

166. Apro per chiudere ma chiudo per aprire. Sono circondato dall'acqua ma non mi immergo mai. Cosa sono?

167. Se conti 20 case alla tua destra andando al negozio e 20 case alla tua sinistra tornando a casa, quante case hai contato?

168. Non sono vivo, ma cresco, non ho i polmoni ma ho bisogno di aria, non ho la bocca ma l'acqua mi uccide. Cosa sono?

169. Due ragazzi volevano attraversare un fiume. Potevano farlo solo in barca. Tuttavia, la barca non era molto grande e poteva trasportare solo un ragazzo alla volta. Non avevano corde e la barca non tornava indietro da sola. Come sono riusciti ad attraversare il fiume entrambi?

170. Ho un nome che non è il mio e nessuno si preoccupa per me. Le persone piangono alla mia vista e mi stanno sempre accanto. Cosa sono?

171. Quando sono in piedi loro sono sdraiati, quando sono sdraiato loro sono in piedi. Cosa sono?

172. In quale anno Natale e Capodanno caddero nello stesso anno?

173. Se lanci una moneta dieci volte e ogni volta atterra di testa, quali sono le probabilità che atterrerà ancora di testa se la lanci di nuovo?

174. Cosa è marrone o argento, ha una testa ma non ha le gambe?

175. Puoi nominare tre giorni consecutivi senza nominare mercoledì, venerdì o domenica?

176. **Non ho un portafoglio ma pago il mio tragitto. Viaggio per il mondo ma rimango nell'angolo. Cosa sono?**

177. **Com'è possibile che "L" sia più grande di "XL"?**

178. **Due persone mangiano esattamente metà barretta di cioccolato e nient'altro, ma una persona mangia più dell'altra. Come è possibile?**

179. **Un cavallo salta su un castello e atterra su un uomo, poi l'uomo scompare. Com'è possibile?**

180. **Sono in tutto e sono in niente, cosa sono?**

181. **Non mangio cibo, ma mi godo un pasto leggero al giorno. Cosa sono?**

182. **Cosa lega due persone ma ne tocca solo una?**

183. **Decodifica questi indovinelli;**
A) 26 L dell'A
B) 7 G della S
C) 1000 A in un M

184. **Quando sono da sola, sono la 24ª. Se ce ne sono due di me, siamo 20. Cosa sono?**

185. Cosa viene messo su un tavolo e tagliato, ma mai mangiato?

186. È senza voce ma ulula, è senza denti ma fischia. Che cos'è?

187. Cos'ha un occhio ma non può vedere?

188. Cosa fa rumore quando si cambia la giacca, diventa più grande ma pesa meno?

189. Cammino a cerchio, ma sempre dritto, non mi lamento mai, non importa dove cammino. Cosa sono?

190. Ha un collo lungo, il nome di un uccello, si nutre del carico delle navi ma non è viva. Cosa è?

191. Cosa bisogna rompere prima di usare?

192. Dividi 110 in due parti così che un numero sia il 150% dell'altro. Quali sono i numeri?

193. Cosa si può servire ma non si può mangiare?

194. Prole del padre. Prole della madre. Ma figlio di nessuno. Cosa sono?

195. Una pianta di pomodoro è lunga 3 metri. La parte inferiore della pianta non fa pomodori ma il resto della pianta fa un pomodoro ogni 3 cm. Quante verdure possono crescere dalla pianta?

196. Quale triangolo rettangolo avrà un perimetro maggiore: 3,4,5 o 3,4,7?

197. L'ho presa in una foresta ma non la volevo. Una volta che l'ho presa, non riuscivo a vederla. Più la cercavo, meno mi piaceva. L'ho portata a casa in mano perché non riuscivo a trovarla. Cos'era?

198. La prima volta che ci hai siamo gratis, così come la seconda volta. Tuttavia, la terza volta ti costeremo denaro. Cosa siamo?

199. A un uomo viene chiesto come sono le sue figlie. Lui risponde: "Sono tutte bionde tranne due, tutte brune tranne due e tutte rosse tranne due". Quante figlie ha?

200. Quali sono le 2 regioni che hanno una città con il nome della regione al suo interno?

201. Un ragazzo ha tante sorelle quanti fratelli, ma ogni sorella ha solo la metà delle sorelle per quanti fratelli. Quanti fratelli e sorelle ci sono in famiglia?

202. Facciamo male senza muoverci. Avveleniamo senza che ci tocchino. Portiamo verità e bugie. Non dobbiamo essere giudicate in base alle nostre dimensioni. Cosa siamo?

203. Quale parola se guardata al rovescio è mamma in inglese?

204. Quando ne prendo cinque e ne aggiungo sei, ne ottengo undici, ma quando ne prendo sei e ne aggiungo sette, ne ottengo uno. Cosa sono?

205. Disegna quattro rettangoli su un pezzo di carta. Riesci a mettere nove x nei quattro rettangoli in modo che ci sia un numero dispari di x in ogni rettangolo?

206. Ci sono due porte e vi è una guardia per ogni porta. Una porta conduce alla vita e l'altra alla morte. Hai solo una domanda da porre e puoi farla solo a una guardia. Una delle guardie dice sempre la verità e l'altra mente sempre. Quale domanda faresti per scoprire qual è la porta della vita?

207. Vuoi far bollire un uovo per due minuti. Se hai solo una clessidra di tre minuti, una di quattro minuti e una di cinque minuti, riuscirai a far bollire l'uovo per soli due minuti?

208. Ho dieci o più figlie. Ho meno di dieci figlie. Ho almeno una figlia. Se solo una di queste affermazioni è vera, quante figlie ho?

209. Fu preparato un grande banchetto per un imperatore romano e i suoi cortigiani. Vennero serviti 16 ghiri, 48 lingue di allodola, 34 fenicotteri e 54 pappagalli arrosto. Quante porzioni di struzzo bollito sono state servite?

210. Hai accidentalmente lasciato fuori il tappo e stai tentando di riempire il bagno con entrambi i rubinetti aperti. Il rubinetto caldo impiega 6 minuti per riempire il bagno. Il rubinetto freddo richiede 2 minuti e l'acqua si svuota attraverso lo scarico in 4 minuti. In quanti minuti verrà riempito il bagno?

211. 0,1,2,3,4,5,6,7,8,9
Usa le cifre sopra una sola volta ciascuna per comporre due frazioni che una volta sommate equivalgono a 1.

212. Robert e David si stavano preparando per una battaglia di gavettoni. "Non è giusto" gridò Robert, "Ne hai il triplo dei miei!" David disse "Va bene!" e diede a Robert altri 10 palloncini. "Non è ancora giusto!" sostenne Robert, "Ne hai ancora il doppio di me." Quanti palloncini dovette dare David a Robert affinché ne avessero la stessa quantità?

213. Ci sono un mix di palline rosse, verdi e gialle in una borsa. Il numero totale di palline è 60. Ci sono quattro volte più palline rosse di quelle verdi e sei palline gialle in più rispetto a quelle verdi. Quante palline di ogni colore ci sono?

214. Ho due corpi, sebbene entrambi uniti in uno. Più resto fermo, più veloce corro. Cosa sono?

215. Che cos'è che, una volta data, ne avrai due o nessuna?

216. Grande come una montagna, piccola come un pisello, nuota all'infinito in un mare senz'acqua. Cos'è?

217. Che tipo di parole sono queste: ingegni, ereggere, ottetto, radar?

218. 2 padri e 2 figli vanno a pesca. Ognuno di loro prende un pesce. Quindi perché ne portano a casa solo 3?

219. Perché il numero 5298467310 è unico nel suo genere?

220. 9 = 4, 21 = 7, 22 = 8, 24 = 12, 6 = 3, 7 = 5, 99 = 11, 100 = 5, 16 = ?, 17 = ?

221. Alice sta camminando attraverso la foresta magica. Vuole sapere quale giorno della settimana è. Si ferma e chiede ad un leone e ad un unicorno. Il leone riposa tutto il tempo lunedì, martedì e mercoledì. L'unicorno si trova sempre il giovedì, il venerdì e il sabato. Alice chiede al leone che giorno è, dice, "Beh, ieri è stato uno dei miei giorni di riposo." Alice non riesce a capirlo solo dalla risposta del leone, così chiede all'unicorno e l'unicorno le risponde: "Anche ieri è stato uno dei miei giorni di riposo". Che giorno è?

222. John ha 10 anni nel 1870, ma solo 5 anni nel 1875. Come è possibile?

223. Quale giorno è due giorni prima del giorno dopo il giorno tre giorni dopo il giorno prima di martedì?

224. Utilizza dei simboli matematici che sostituiscano i punti interrogativi per rendere valido quanto segue:
12 ? 2 ? 7 ? 4 = 9

225. Come si può posizionare una matita sul pavimento in modo che nessuno possa saltarci sopra?

226. Un giardiniere deve partire per una settimana di vacanza durante l'estate ma deve organizzarsi per innaffiare i suoi fiori, che non sopravviverebbero al caldo estivo senza ricevere l'acqua almeno due volte alla settimana. Nel luogo in cui abita non c'è nessuno che può aiutarlo e il giardiniere non ha alcun impianto automatico per irrigare. Poi compie un'azione – una soltanto – che gli fa tirare un sospiro di sollievo, prepara le valigie e parte. Al suo ritorno, i fiori sono più rigogliosi che mai. Che azione ha compiuto?

227. Che lingua parlano le persone senza dire una parola?

228. Puoi toccarmi facilmente, ma non vedermi. Puoi farmi uscire ma non puoi farmi andare lontano. Cosa sono?

229. Mi sotterri quando sono viva e mi fai uscire quando sono morta. Cosa sono?

230. Sono una madre e un padre, ma non ho mai partorito. Sto abbastanza fermo e non mi sposto mai. Cosa sono?

231. Ho 5 torte da dividere tra 8 bambini. Come devo fare per dare a ognuno la stessa quantità?

232. Il padre di quest'uomo è il figlio di mio padre. Chi è l'uomo?

233. Puoi entrare, ma non camminare dentro. Ho spazio, ma nessuna stanza. Cosa sono?

234. Fuori da una stanza chiusa ci sono tre interruttori, tutti spenti. Uno soltanto controlla la lampadina che si trova all'interno della stanza. Rimanendo fuori, senza la possibilità di sapere cosa accade dentro, si possono azionare gli interruttori a piacimento. Per una volta, e soltanto una, si può poi entrare nella stanza e fare le verifiche desiderate. Dopo averlo fatto, bisognerà uscire dalla stanza e indicare con sicurezza quale dei tre interruttori controlla la lampadina. Come è possibile farlo?

235. Cos'è più ampio della vita stessa, più lungo di per sempre, così semplice che è complicato, viaggia ma non lascia mai il posto dove sta, mette gli altri in pericolo ma nessuno si fa male e raggiunge mondi sconosciuti?

236. Costruisco ponti d'argento e corone dorate. Chi sono?

237. Come posso sommare otto 8 per fare 1000?

238. Due bambini erano confusi sui giorni della settimana. Si fermarono mentre andavano a scuola per riflettere: "Se dopodomani è come ieri," disse Sally, "allora *oggi* sarà lontano da domenica come quel giorno che era *oggi* quando l'altro ieri era domani. In quale giorno della settimana si verifica questa discussione?

239. Un uomo sta scrivendo le sue volontà e vuole lasciare tutto ciò che ha a uno dei suoi due figli, al più attento. Per decidere quale dei due avrebbe vinto la sua fortuna, dà a ciascuno di loro una macchina e dice loro che colui che supererà il traguardo per ultimo otterrà tutta la sua eredità. Dopo un mese in cui i figli si rifiutano entrambi di attraversare il traguardo, decidono di andare dallo zio per un consiglio. Poco dopo, salutano in fretta lo zio e corrono in macchina verso il traguardo il più velocemente possibile. Quale consiglio ha dato loro lo zio?

240. Sei su un'isola al centro di un lago. Il lago è in una parte remota del paese e non c'è mai stato un ponte che collegasse l'isola alla terraferma. Ogni giorno un trattore e un carro fanno un giro per un campo di fieno dell'isola. Vi chiedete come il trattore sia arrivato sull'isola, chiedete in giro e scoprite che il trattore non è stato trasportato sull'isola in barca né in aereo. Non è neanche stato costruito sull'isola. Come è arrivato il trattore?

241. Come dividere 34 mele tra 33 persone?

242. C'è un secchio da 5 litri e un secchio da 3 litri. Come far sì che il secchio da 5 litri abbia 4 litri in esso usando quello che hai?

243. C'è un gruppo di 100 politici potenti. Tutti sono onesti o bugiardi. Sai solo due cose:
- Almeno uno di loro è onesto.
- Se prendi 2 politici, almeno uno di loro è bugiardo.
Sapendo ciò, riesci a dire quanti sono i bugiardi e quanti sono gli onesti?

244. Un chimico molto famoso è stato trovato oggi assassinato nella sua cucina. La polizia ha stretto il campo su sei sospetti. Sanno che l'omicidio è stato compiuto da due persone. I nomi sono: Felice, Maxwell, Archibald, Nicolas, Jordan e Xavier. Viene trovata una nota insieme al corpo: '26 -3-58/28-27-57-16 '. Chi sono gli assassini?

245. Una danza, uno sport con la palla, un posto, un Paese asiatico e il nome di una ragazza. Di cosa si tratta?

246. Darmi a qualcuno a cui non appartengo è codardo, ma prendermi è nobile. Cosa sono?

247. Ci sono diversi libri su uno scaffale. Se un libro è il 4° da sinistra e il 6° da destra, quanti libri sono sullo scaffale?

248. Quante lettere ci sono nella risposta a questo indovinello?

249. Due uomini trovano una vecchia moneta d'oro e decidono di lanciarla per vedere chi la ottiene. L'unico problema è che la moneta è più pesante da un lato, quindi esce testa più volte rispetto a croce. Qual è il modo giusto di lanciare la moneta e decidere chi la otterrà?

250. Se hai una clessidra da 11 minuti e una da 13 minuti, come puoi calcolare con precisione 15 minuti?

251. Sei bicchieri di fila. I primi tre sono pieni di latte e gli ultimi tre sono vuoti. Muovendo solo un bicchiere, riesci a sistemarli in modo tale che i bicchieri pieni e vuoti si alternino?

252. Un re saggio ideò un concorso per vedere chi avrebbe ricevuto la mano della principessa in matrimonio. La principessa fu messa in una stanza con una moquette di 15 × 15 metri. Ognuno dei sui quattro pretendenti fu messo in un angolo della stanza sopra una piccola scatola. Il primo a toccare la mano della principessa sarebbe stato il vincitore e sarebbe diventato il nuovo re. Le regole della prova erano che i concorrenti non potevano camminare sul tappeto, attraversarlo o appendersi a nulla; né potevano usare altro se non il loro corpo e il loro ingegno. Un pretendente trovò un modo per sposare la principessa e divenne il nuovo re. Cosa fece?

253. Mi hai lasciato a secco ma poi mi sono bagnato. Più a lungo rimango, più forte sarà. Cosa sono?

254. Quali sono le prossime due lettere nella seguente serie e perché? QSLPDLNSS__

255. In una barca ci sono un mattone d'oro e un mattone di ferro (entrambi blocchi da 25 cm). Se vengono entrambi lasciati cadere in acqua, quale farà salire il livello dell'acqua?

256. Ho 500 alla fine e all'inizio, eppure il 5 sta nel mio cuore. La prima lettera e il primo numero mi rendono completo. Il mio nome è quello di un re. Chi sono?

257. In quale caso 1500 più 20 e 1600 meno 40 sono la stessa cosa?

258. Più di me ne hai, più lunga sarà la tua vita. Più di me ne hai, meno te ne resta da vivere. Cosa sono?

259. John mise una moneta in una bottiglia e mise un tappo di sughero su di essa, dopodiché riuscì a tirar fuori la moneta senza estrarre il tappo né rompere la bottiglia. Come ci riuscì?

260. Sono parte di un uccello senza stare in cielo, posso nuotare nell'oceano e rimanere asciutto. Cosa sono?

261. Due ragazzi, Trevor e Tyler, stanno correndo i 100 metri. Nella prima corsa Trevor batte Tyler per 5 metri. Per rendere le cose eque, al prossimo giro Trevor si trova a 5 metri dietro la linea di partenza. Chi vince la seconda gara (supponendo che corrano alla stessa velocità della prima gara)?

262. 2 uomini catturano 2 pesci in 2 minuti. Di questo passo, quanti uomini avrebbero potuto catturare 500 pesci in 500 minuti?

263. Che relazione ha la cognata di tua suocera con te?

264. Un uomo nacque il 1° gennaio 23 a.C. e morì il 2 gennaio 23 d.C. Quanti anni aveva?

265. Cosa puoi vedere ma non sentire?

266. Hai due secchi: uno con solo biglie bianche e uno con solo biglie nere. I due secchi hanno lo stesso numero di biglie. Come puoi riorganizzare le biglie per massimizzare le tue possibilità di afferrare una biglia bianca da ciascuno di essi?

267. Mi indossi ogni giorno ma non mi metti mai. Cambierò colore se mi lasci fuori troppo a lungo. Cosa sono?

268. Un venditore di mobili vende a 80 euro un mobile che aveva pagato 70. Poi lo ricompra a 90 e lo rivende a 100. Quanto ci ha guadagnato?

269. Una persona ha un leone, un agnello e un fascio di erba. Vuole attraversare un fiume ma c'è solo una barca e non può sostenere il peso di più di due alla volta. Inoltre, deve assicurarsi che il leone non mangi l'agnello e l'agnello non mangi l'erba. Come potrà arrivare dall'altra parte del fiume con tutti e tre intatti?

270. Posso essere lunga o posso essere corta. Posso essere lasciata crescere o posso essere comprata. Posso essere dipinta o lasciata nuda. Posso essere rotonda o quadrata. Cosa sono?

271. Se mi mangi allora il mio mittente ti mangerà. Cosa sono?

272. Se hai 5 metri di recinzione in filo metallico, come creare l'area più grande all'interno della recinzione?

273. Troppo per uno, abbastanza per due e nullo per tre. Cosa sono?

274. Produce scarpe senza pelle, con tutti e quattro gli elementi messi insieme: fuoco, acqua, terra e aria, e ogni cliente ne prende due paia. Chi è costui?

275. Cosa cammina tutto il giorno sulla testa?

276. Ho una casetta in cui vivo tutto solo. La mia casa non ha porte o finestre e, se voglio uscire, devo sfondare il muro. Cosa sono?

277. Trenta uomini e solo due donne, le quali però detengono il massimo del potere. Vestiti di bianco e nero, possono combattere per ore. Chi sono?

278. Un libro ha 500 pagine:
La 1^ pagina dice "Esattamente 1 pagina nel libro è falsa."
La 2^ pagina dice "Esattamente 2 pagine in questo libro sono false."
...e così via...
La 500^ pagina dice "Esattamente 500 pagine in questo libro sono false."
Ci sono delle pagine vere?

279. Un uomo appende il cappello e cammina per 500 metri con gli occhi chiusi. Quindi, si gira e spara al cappello con la pistola e con gli occhi ancora chiusi. Come ha fatto?

280. Il 22° e il 24° Presidente degli Stati Uniti hanno la stessa madre e lo stesso padre ma non sono fratelli. Com'è possibile?

281. L'altro ieri Josh aveva 13 anni. Il prossimo anno ne compirà 16. Com'è possibile?

282. Ho costruito castelli.
Ho demolito montagne.
Ho reso cieco qualche uomo,
Aiuto altri a vedere.
Chi sono?

283. Quanto lunga è la risposta a questa domanda?

284. Il giorno prima due giorni dopo il giorno prima di domani è sabato. Che giorno è oggi?

285. Come puoi accendere un fuoco con un solo bastone?

286. A un paesaggista intelligente viene assegnato il compito di posizionare 4 alberi in modo che siano tutti alla stessa distanza l'uno dall'altro. Come riesce a farlo?

287. A scuola Joe ha tre amici: Tim, George e Cristina. Due di loro giocano a calcio, due giocano a tennis e due giocano a golf. L'amico che non gioca a golf non gioca a tennis e quello che non gioca a calcio non gioca a golf. Le ragazze non giocano a calcio. Quali sport pratica ognuno?

288. Natale e Capodanno si svolgono esattamente a una settimana di distanza. Quindi, un Capodanno che si verifica subito dopo Natale dovrebbe essere nello stesso giorno della settimana. Ma nel 2020 Natale ha avuto luogo di venerdì e il Capodanno di mercoledì. Com'è possibile?

289. Mi troverai sempre nel passato. Posso essere creato nel presente, ma il futuro non potrà mai contaminarmi. Cosa sono?

290. Hai un cubo composto da 10 cubi 10 x 10 x 10 più piccoli, per un totale di 1000 cubetti più piccoli. Se togli 1 strato di cubetti, quanti ne rimangono?

291. Un uomo sta facendo un lavoro a casa sua e va in un negozio di ferramenta. Si avvicina all'impiegato e gli comunica quello che cerca. L'impiegato gli dice che costa tutto 1€. Dice al commesso che vorrebbe 5000 e gli vengono addebitati solo 4€. Cosa vuole?

292. Un uomo può vincere un premio se riesce a sparare a una lattina con un revolver. Il revolver ha sei camere ma solo due proiettili, entrambi vicini l'uno all'altro. Può girare una volta il revolver e sparare. Se non ci sono proiettili in quella camera, ha la possibilità di girare di nuovo la camera o semplicemente sparare di nuovo. Se il primo tiro va a vuoto, l'uomo dovrebbe chiedere il giro del revolver o dovrebbe scegliere di sparare di nuovo per massimizzare le sue possibilità di vincere il premio?

293. Cosa hanno in comune queste parole: danza, arrivo, prova, danno, bacio, parte, frusta, sosta, stiva?

294. Le età di padre e figlio, sommate, arrivano a 66 anni. L'età del padre è l'età del figlio invertita. Quanti anni possono avere? Ci sono tre possibili risposte.

295. Due detenuti sono rinchiusi in una cella. In essa c'è una finestra non sbarrata. Non importa se salgono sul letto o si mettono l'uno sopra l'altro, non riescono a raggiungere la finestra per fuggire. Decidono quindi di scappare dal tunnel. Tuttavia, si arrendono perché ci vorrà troppo tempo per scavarlo e attraversarlo. Alla fine, uno dei detenuti scopre come fuggire dalla cella. Qual è il suo piano?

296. Un ragazzo era appena uscito dalla doccia e si stava preparando per il suo ballo di fine anno. Si rasò e disse che sarebbe rimasto anche per un after party. Sua madre e suo padre gli dissero di tornare a casa all'alba successiva e lui tornò all'alba successiva, ma con la barba lunga. Come può essere?

297. Il mio ospite pensa che io sia un'irritazione, un fastidio, un dolore. Ma non può sfrattarmi, quindi rimarrò qui. Poi un giorno vengo presa e buttata insieme alle mie colleghe. Riesci a indovinare cosa sono?

298. Se sette persone si incontrano e ognuna stringe la mano una sola volta ad ognuna delle altre, quante strette di mano ci saranno?

299. Un quarto della popolazione di un nuovo pianeta appena scoperto ha 4 gambe. Il resto ha 2 gambe. Ci sono 60 gambe in totale. Di quanti abitanti è composto il pianeta?

300. All'inizio Jenn diede a Sue tanti soldi quanti Sue già aveva. Sue quindi restituì a Jenn tanti soldi quanti ne erano rimasti a Jenn. Jenn quindi restituì a Sue tutti i soldi che aveva ora, cosa che lasciò Jenn senza soldi e Sue con un totale di 80€. Quanto avevano Jenn e Sue all'inizio del loro scambio?

RISPOSTE

RISPOSTE AGLI INDOVINELLI DIFFICILI

1. *Un indovinello*

2. *Un riflesso*

3. *I passi*

4. *Un peto*

5. *Smetti di immaginare*

6. *Un segreto*

7. *Sta giocando a Monopoli*

8. *Stai dormendo?*

9. *Una finestra*

10. *Un respiro*

11. *La lettera m*

12. *Un campanello*

13. *È PIÙ ECONOMICO PORTARE DUE AMICI ALLO STESSO TEMPO. IN QUESTO CASO, ACQUISTI SOLO TRE BIGLIETTI. SE PORTI LO STESSO AMICO DUE VOLTE, COMPRI QUATTRO BIGLIETTI.*

14. *UN BUCO*

15. *UNA SPUGNA*

16. *L'UOVO. I DINOSAURI HANNO DEPOSTO UOVA PRIMA ANCORA CHE CI FOSSERO LE GALLINE.*

17. *L'ACQUA*

18. *UN PALLONCINO*

19. *0*

20. *L'ANCORA*

21. *UN VERME*

22. *SE FOSSERO QUADRATI È POSSIBILE CHE IL COPERCHIO CADA NEL BUCO (DIAGONALMENTE). UN TOMBINO ROTONDO NON PUÒ CADERE, INDIPENDENTEMENTE DA COME VIENE RUOTATO, PERCHÉ IL DIAMETRO È MAGGIORE DELL'APERTURA DEL BUCO.*

23. *La lingua*

24. *Le stelle*

25. *Il buio*

26. *Il silenzio*

27. *Un pianoforte*

28. *Banana*

29. *Un camion della spazzatura*

30. *Una mappa*

31. *L'acqua*

32. *Un fiammifero*

33. *La tua ombra*

34. *Un dizionario*

35. *Non ce n'è. È un buco*

36. *nessuno*

37. *la mano di vernice*

38. *Edam*

39. *La tua mano sinistra*

40. *Febbraio*

41. *Il suo coperchio*

42. *L'orizzonte*

43. *Un'ombra*

44. *Il raffreddore*

45. *Un mazzo di carte*

46. *Sono nate in zone del mondo con fusi orari diversi*

47. *Una carota*

48. *Un cavallo*

49. *Rimuovi una T*

50. *Una domanda*

51. *Un ricordo*

52. *Il 50%*

53. *BIANCO. È UN ORSO POLARE.*

54. *STAVA CAMMINANDO*

55. 6

56. *LA TERZA STANZA. I LEONI CHE NON MANGIAVANO DA TRE ANNI SONO MORTI.*

57. *UN FIOCCO DI NEVE*

58. *IL CERVELLO*

59. *LE FORBICI*

60. *TU*

61. *UN FIUME*

62. *UNA MATITA*

63. *UNA CANDELA*

64. *UN GUANTO*

65. *LA LETTERA R*

66. *LA TUA ETÀ*

67. *Non ci sono pinguini nell'artico.*

68. *Caramella*

69. *Perché non sta piovendo.*

70. *Una recinzione*

71. *Il sole*

72. *È finta. Nessuna moneta ha una data A.C.*

73. *Non ci sono scale.*

74. *Perché i suoi genitori erano diventati marmellata.*

75. *Una barzelletta*

76. *Un ascensore*

77. *Un pendolo*

78. *I pesci*

79. *Il verbo abito*

80. *Albero*

81. *Il tuo nome*

82. *Un teschio*

83. *Legge in braille*

84. *Un orologio*

85. *La lavagna*

86. *Stella marina*

87. *1, 2 e 3*

88. *Un fiume*

89. *Era un prete*

90. *Sono il tuo cervello*

91. *Consigli*

92. *Una cipolla*

93. *Un iceberg*

94. *Un'eco*

95. *Nord*

96. *Una bottiglia*

97. *Quella di scorta*

98. *Pesce*

99. *Un chiodo*

100. *Melanzana*

RISPOSTE AGLI INDOVINELLI DIABOLICI

101. ***FANNO PARTE DI UN PARTO TRIGEMINO.***

102. ***LEGGILA AL CONTRARIO ED È LA STESSA FRASE.***

103. ***NON SI BUSSA ALLA PORTA DELLA PROPRIA STANZA D'ALBERGO E L'UOMO L'HA FATTO.***

104. ***STANDO SCHIENA CONTRO SCHIENA***

105. ***SOPHIE***

106. ***OTTO***

107. ***AIA***

108. ***180 CM.***

109. ***OMBRELLO***

110. ***L'IMPRONTA***

111. ***UNA TARTARUGA***

112. ***UNA CAMPANA***

113. ***TUO PADRE.***

114. *Un'eco.*

115. *Una bara*

116. *Un uovo*

117. *Una maglietta*

118. *Una freccia*

119. *Un pesce*

120. *Le vocali*

121. *La luce*

122. *Le lettere I e S*

123. *Il mendicante era una donna.*

124. *Un canguro*

125. *Una scarpa*

126. *Uno. Solo io*

127. *L'ha lanciato 3 metri in aria*

128. *Mai, perché la barca salirà con la marea.*

129. *B È UNA FIGLIA*

130. *UNA PANNOCCHIA*

131. *UN VENTILATORE*

132. *IN PRIGIONE*

133. *IL BUIO*

134. *IL TEMPO*

135. *LE STOVIGLIE*

136. *LA SEGATURA*

137. *0*

138. *199-99*

139. *PERCHÉ QUANDO LA TROVI SMETTI DI CERCARE.*

140. *UNA SAPONETTA*

141. *UN PUPAZZO DI NEVE*

142. *IL SEMAFORO*

143. *AGGIUNGENDO "TI" ALLA FINE DIVENTANO "SPARITI"*

144. UNO. L'AUTISTA

145. UN MILLEPIEDI GIRATO DI SCHIENA

146. I POLMONI

147. PULIVA LE FINESTRE DALL'INTERNO

148. IL BUIO

149. LA VOCE

150. VEGETALE

151. IL TELEFONO

152. GOLF

153. SARANNO ALLA STESSA ALLA STESSA DISTANZA DA LONDRA.

154. SOLO UNO

155. NESSUNO. VOLANO VIA.

156. 95. DIVIDERE PER 1/2 È LO STESSO CHE MOLTIPLICARE PER 2. QUINDI, 40 X 2 + 15 = 95.

157. *È UN PILOTA NELLA CABINA DI UN AEROPLANO.*

158. *LA PELLE UMANA*

159. *LA CARRIOLA*

160. *IL TUO RESPIRO*

161. *L'UOMO FECE ESATTAMENTE CIÒ CHE AVEVA DETTO E SCRISSE "IL TUO PESO ESATTO" SUL PEZZO DI CARTA.*

162. *ATTENDE FINO A CHE DIVENTA NOTTE (PUÒ VEDERLA DAL FORO NEL SOFFITTO), QUINDI SCAPPA TRAMITE IL TUNNEL DI VETRO.*

163. *UNA CASCATA*

164. *"O"*

165. *LA PRINCIPESSA STA DIETRO ALLA PORTA CON SCRITTO "C'È LA TIGRE". L'ALTRO CARTELLO ("DIETRO AD UNA DELLE DUE PORTE C'È LA PRINCIPESSA") È INFATTI INEQUIVOCABILMENTE VERO, QUINDI IL CARTELLO "C'È LA TIGRE" È FALSO*

166. *UN PONTE LEVATOIO*

167. *20. SONO LE STESSE CASE*

168. *Il fuoco*

169. *Partivano dai lati opposti del fiume*

170. *Una lapide*

171. *I piedi*

172. *Ogni anno*

173. *C'è il 50% di possibilità che cada di testa. Ogni singolo lancio è indipendente dai primi dieci lanci.*

174. *Una moneta*

175. *Ieri, oggi e domani*

176. *Un francobollo*

177. *Sono numeri romani*

178. *Le due barrette di cioccolato non sono uguali*

179. *Si parla degli scacchi.*

180. *La lettera T*

181. *Una pianta*

182. *Un anello nuziale*

183. *a) 26 lettere dell'alfabeto*

b) 7 giorni della settimana

c) 1000 anni in un millennio

184. *La X. Nell'alfabeto è la 24esima lettera. Nei numeri romani due X insieme equivalgono a 20.*

185. *Un mazzo di carte*

186. *Il vento*

187. *Un ago*

188. *Il popcorn*

189. *La ruota*

190. *Una gru*

191. *Un uovo*

192. *I numeri sono 44 e 66.*

193. *Una palla da tennis*

194. *Una figlia*

195. *La pianta di pomodori non fa nessun vegetale. Il pomodoro è un frutto. Ma la pianta farà 21 pomodori.*

196. *3,4 e 5 perché 3,4 e 7 non fanno un triangolo rettangolo.*

197. *Una scheggia*

198. *I denti*

199. *Tre: Una bionda, una bruna e una rossa.*

200. *Reggio Calabria e Reggio Emilia*

201. ***Quattro fratelli e tre sorelle***

202. ***Le parole***

203. ***Wow***

204. ***Un orologio***

205. ***Disegna un rettangolo grande. Quindi disegna tre piccoli rettangoli all'interno del rettangolo grande. Posiziona tre X in ogni rettangolo piccolo. Ci saranno nove X nel rettangolo grande.***

206. ***Chiederesti: "Se dovessi chiedere all'altra guardia qual è la porta della vita, cosa direbbe?" La guardia che dice la verità sa che l'altra guardia mentirebbe, quindi dice la verità e indica la porta che conduce alla morte. La guardia che mente sa che l'altra guardia direbbe la verità, quindi mente e indica la porta che conduce alla morte. Entrambe le guardie indicano la porta della morte.***

207. *NON APPENA L'ACQUA BOLLE, GIRA LA CLESSIDRA DA TRE MINUTI E QUELLA DA CINQUE MINUTI. QUANDO QUELLA DA TRE MINUTI FINISCE, METTI L'UOVO NELL'ACQUA CHE BOLLE. QUANDO QUELLA DA CINQUE MINUTI FINISCE, SARANNO PASSATI DUE MINUTI ED È IL MOMENTO DI ESTRARRE L'UOVO DALL'ACQUA. NON C'È BISOGNO DELLA CLESSIDRA DI QUATTRO MINUTI PER QUESTO INDOVINELLO.*

208. *SE AVESSI DELLE FIGLIE, CI SARANNO SEMPRE DUE DICHIARAZIONI VERE. PERTANTO, NON HO FIGLIE.*

209. *46. OGNI VOCALE VALE 2 E OGNI CONSONANTE 4, PER CUI GHIRO DÀ 16, ECC.*

210. 2 MINUTI E 24 SECONDI. PER ESEMPIO, PRENDI UNA VASCA DA BAGNO DA 45 LITRI. SE IL RUBINETTO DELL'ACQUA CALDA IMPIEGA 6 MINUTI PER RIEMPIRE LA VASCA, LA SUA MEDIA È DI 7 LITRI AL MINUTO. IL RUBINETTO DELL'ACQUA FREDDA IMPIEGA DUE MINUTI, QUINDI LA SUA MEDIA È DI 22 LITRI AL MINUTO. LO SCARICO SVUOTA LA VASCA IN 4 MINUTI AD UNA VELOCITÀ DI 11 LITRI AL MINUTO. PERCIÒ LA MEDIA DI RIEMPIMENTO DELLA VASCA È DI 7+22-11=18 LITRI AL MINUTO. LA VASCA DA 45 LITRI SI RIEMPIE QUINDI IN 2 MINUTI E 24 SECONDI.

211. 35/70 + 148/296 = 1

212. DAVID DEVE DARE A ROBERT ALTRI 20 GAVETTONI, COSÌ CHE OGNUNO NE ABBIA 60. ROBERT ALL'INIZIO AVEVA30 GAVETTONI E DAVID 90.

213. CI SONO 15 PALLINE GIALLE, 36 ROSSE E 9 VERDI.

214. UNA CLESSIDRA

215. UNA SCELTA

216. UN ASTEROIDE

217. SONO PALINDROMI. SI LEGGONO ANCHE AL CONTRARIO.

218. *Perché il gruppo di pesca comprende un nonno, suo figlio e suo nipote. Quindi erano solo 3 persone.*

219. *Tutti i numeri (0-9) appaiono solo una volta e tutti in ordine alfabetico.*

220. *16 = 6 e 17 = 11. Il numero di lettere nello spelling di 16 (sedici) è 7 e in quello di 17 (diciassette) è 9.*

221. *Giovedì*

222. *John è nato nel 1880 A.C.*

223. *Mercoledì*

224. *12 diviso 2 + 7 - 4 = 9*

225. *Posizionandola contro il muro.*

226. *Durante la settimana di vacanza ha piovuto almeno due giorni. Il giardiniere, prima di partire, ha consultato le previsioni del tempo e vedendo un'alta probabilità di precipitazioni si è rasserenato.*

227. *Il linguaggio del corpo*

228. *La tua schiena*

229. *Una pianta*

230. *Un albero*

231. *Taglio ogni torta in 8 parti e ne do 5 ad ognuno*

232. *Il figlio dell'inventore dell'indovinello.*

233. *Un computer*

234. *Si accende un interruttore e lo si lascia acceso per un po' di tempo. Poi lo si spegne, se ne accende un altro e si entra subito nella stanza. Se la luce è accesa, l'interruttore collegato è ovviamente l'ultimo azionato. Se la luce è spenta e la lampadina è calda l'interruttore collegato è il primo, che è rimasto acceso per un po'. Diversamente, l'interruttore giusto è il terzo che non avete ancora toccato.*

235. *La tua immaginazione*

236. *Un dentista*

237. *888 + 88 + 8 + 8 + 8 = 1000*

238. *I DUE BAMBINI ERANO COSÌ CONFUSI SUI GIORNI DELLA SETTIMANA CHE SONO ANDATI A SCUOLA DI DOMENICA MATTINA!*

239. *LO ZIO HA DETTO LORO DI SCAMBIARSI LE MACCHINE. COSÌ FACENDO OGNUNO AVREBBE GUIDATO L'AUTO DEL PROPRIO FRATELLO E CHI SAREBBE ARRIVATO PER PRIMO AVREBBE FATTO PERDERE IL FRATELLO.*

240. *È STATO PORTATO IN INVERNO QUANDO IL LAGO ERA GHIACCIATO.*

241. *FACENDO UN SUCCO DI MELA*

242. *RIEMPI IL SECCHIO DA 5 LITRI E VERSALO FINO A RIEMPIRE QUELLO DA 3. QUINDI SVUOTA QUELLO DA 3 LITRI E VERSA IL RIMANENTE DI QUELLO DA 5 LITRI IN QUELLO DA 3 COSÌ CHE AVRAI 2 LITRI NEL SECCHIO DA 3. QUINDI RIEMPI IL SECCHIO DA 5 LITRI E VERSALO IN QUELLO DA 3 FINO A CHE NON SI RIEMPIE. ADESSO HAI 4 LITRI NEL SECCHIO DA 5 LITRI.*

243. *Sì, dalle informazioni a disposizione sai che 1 è onesto e 99 sono bugiardi. Uno di loro è onesto, cosa che corrisponde alla prima informazione. Se prendi l'uomo onesto e qualsiasi altro politico, l'altro politico sarà bugiardo, cosa che corrisponde alla seconda informazione "Se prendi 2 politici, almeno uno di loro è bugiardo". Per cui, 99 sono bugiardi.*

244. *Felice e Nicholas sono gli assassini. I numeri corrispondono ai numeri atomici presenti sulla tavola periodica degli elementi: 'Fe-Li-Ce/Ni-Co-La-S'.*

245. *Dell'alfabetico fonetico NATO: Foxtrot, golf, hotel, India e Juliet.*

246. *La colpa*

247. *9*

248. *tre (è l'unico numero che ha lo stesso numero di lettere del numero stesso).*

249. *DEVONO SOLO GIRARLA DUE VOLTE. FANNO IL PRIMO LANCIO SCEGLIENDO O TESTA O CROCE, QUINDI, AL LANCIO SUCCESSIVO, SCELGONO AUTOMATICAMENTE L'OPPOSTO (AD ESEMPIO, SE UN UOMO SCEGLIE TESTA NEL PRIMO LANCIO, AUTOMATICAMENTE SCEGLIE CROCE NEL SECONDO E VICEVERSA). SE ENTRAMBI VINCONO UN LANCIO (PAREGGIO) SU DUE, DEVONO SOLO RIPETERLO FINO A CHE UNO DI LORO VINCE ENTRAMBI I LANCI.*

250. *FAI PARTIRE ENTRAMBE LE CLESSIDRE. QUANDO LA CLESSIDRA DA 11 HA TERMINATO, GIRALA IMMEDIATAMENTE DI NUOVO. QUANDO LA CLESSIDRA DA 13 MINUTI FINISCE, ALLA CLESSIDRA DA 11 MINUTI MANCHERANNO 9 MINUTI, QUINDI GIRALA DI NUOVO E MANCHERANNO ALTRI 2 MINUTI. 13 MINUTI + 2 MINUTI = 15 MINUTI.*

251. *VERSA IL SECONDO BICCHIERE DI LATTE NEL QUINTO BICCHIERE VUOTO.*

252. *CHIESE ALLA PRINCIPESSA DI RAGGIUNGERLO*

253. *UNA BUSTINA DA TÈ*

254. *EP- LE LETTERE CORRISPONDONO ALLA PRIMA LETTERA DI CIASCUNA PAROLA DELLA FRASE.*

255. *Il ferro farà alzare il livello dell'acqua. Sulla barca ha un effetto maggiore che sul livello dell'acqua perché è più leggero, ma sposta lo stesso quantitativo di acqua dell'oro quando cade in acqua.*

256. *David. D=500, V=5, e I=1 (il primo numero). 'A' è la prima lettera dell'alfabeto.*

257. *In un orologio di 24 ore*

258. *Battiti cardiaci*

259. *Spinse il tappo nella bottiglia.*

260. *L'ombra*

261. *Trevor vince di nuovo. Nella prima corsa Trevor ha corso 100 metri nel tempo in cui Tyler ne ha percorsi 95. Quindi, nella seconda corsa, quando Tyler è sulla linea dei 95 metri, anche Trevor sarà lì (dato che 100 - 5 = 95). Poiché Trevor è più veloce sorpasserà Tyler negli ultimi 5 metri della corsa.*

262. *2 uomini*

263. *Tua madre*

264. *Non esiste l'anno 0 quindi puoi aggiungere 23 a 23 ma devi sottrarre 1 per escludere l'anno 0: 23 + 23 - 1 = 45 anni.*

265. *La luce*

266. *Metti una singola biglia bianca in un secchio e metti il resto delle biglie bianche e tutte le biglie nere nell'altro. Ciò porta le tue possibilità di prendere le biglie bianche al 75%.*

267. *La pelle*

268. *10 euro. Al primo scambio guadagna 10, al secondo ne perde 10 e al terzo ne guadagna altri 10.*

269. *Fa attraversare l'agnello, poi il fascio d'erba. Riporta indietro l'agnello e fa attraversare il leone. Poi fa attraversare di nuovo l'agnello e rimangono tutti illesi.*

270. *Unghia*

271. *Un'esca*

272. *Costruisci un recinto attorno a te dichiarando di essere all'esterno.*

273. *Un segreto*

274. *Un maniscalco*

275. *Il ferro di cavallo*

276. *Un pulcino in un uovo*

277. *I pezzi degli scacchi*

278. *Sì, la 499^ pagina è vera. Dice "Esattamente 499 pagine di questo libro sono finte." Essendo questa pagina vera, le altre 499 pagine sono finte, avvalorando la tesi.*

279. *Appende il cappello sulla canna della pistola.*

280. *È lo stesso uomo, Grover Cleveland, che ha eseguito due mandati che non erano consecutivi.*

281. La frase viene detta il 1° gennaio. Il 30 dicembre ne aveva 13. Il giorno dopo è il suo 14esimo compleanno. Ne compie 15 nell'ultimo giorno di QUESTO anno, quindi ne fa 16 nell'ultimo giorno del prossimo anno.

282. La sabbia

283. Quanto lunga

284. Venerdì

285. Assicurandoti che sia un fiammifero.

286. Mette tre alberi agli estremi di un triangolo, quindi uno su una collina nel mezzo (formando un tetraedro).

287. George e Tim giocano a tutti e tre gli sport mentre Cristina a nessuno.

288. Nel 2020 Capodanno è il 1° gennaio e Natale il 25 dicembre. Tra queste due date passano 51 settimane e 2 giorni, non una settimana (il Capodanno capita prima di Natale).

289. La storia

290. *Il cubo rimanente sarà di 8 x 8 x 8. Ciò porterà a 512. Viene preso uno strato da tutti i lati del cubo, riducendo le dimensioni di due, non di uno.*

291. *I numeri per appartamento*

292. *Dovrebbe sparare di nuovo. Se gira di nuovo ha 2/6 possibilità di prende la lattina. Ci sono 4 possibili camere senza proiettile e solo una è seguita da un proiettile. Questo significa che la possibilità di prendere la lattina è di solo ¼ se non gira il revolver.*

293. *Tutte queste parole possono essere usate sia come sostantivo che come verbo.*

294. *51 e 15, 42 e 24, 60 e 06*

295. *Scavare il tunnel e impilare la terra per raggiungere la finestra e scappare.*

296. *Vive in Alaska e il sole sorge ogni sei mesi.*

297. *Sono una perla.*

298. *21*

299. *Ci sono 24 abitanti. Sei di loro hanno 4 gambe e diciotto ne hanno 2.*

300. *Jenn aveva $50 e Sue ne aveva $30.*

UN'ULTIMA COSA

Se ti è piaciuto questo libro, mi piacerebbe che lasciassi una recensione su Amazon. Sarebbe un feedback molto utile nonché un incoraggiamento per l'autore.

Qualsiasi appunto è ben accetto, quindi se hai qualche commento, suggerimenti per migliorare questa pubblicazione o altri libri, mi piacerebbe davvero sentire cosa ne pensi.

Puoi contattarmi all'indirizzo
francesco.foi86@gmail.com

Qualsiasi consiglio verrà valutato. I libri sono già stati rivisti e migliorati come risultato degli utili suggerimenti da parte dei lettori.

Grazie.

Printed by Amazon Italia Logistica S.r.l.
Torrazza Piemonte (TO), Italy

22694749R00051